Vicens Vives
Educación Primaria

1

PLÁSTICA

I. Ceballos Guerrero
C. Ruiz Espino

1

aula activa

Ilustrado por: José Ignacio Gómez y Mercè Ortí.

Este libro está impreso en papel ecológico reciclable y con tintas exentas de elementos pesados solubles contaminantes. Directiva Europea 88/378/UE, norma revisada EN/71.

Primera edición, 2014

5 6 7 8

Depósito Legal: B. 24.620-LIX/ ISBN: 978-84-682-3334-5/ N.º de Orden V.V.: LX95.

IMPRESO EN ESPAÑA. PRINTED IN SPAIN.

ndice de contenidos

¿Cómo es este libro?

Entrada

Al principio de cada Tema encontrarás una obra de arte acompañada de actividades de expresión oral y de observación.

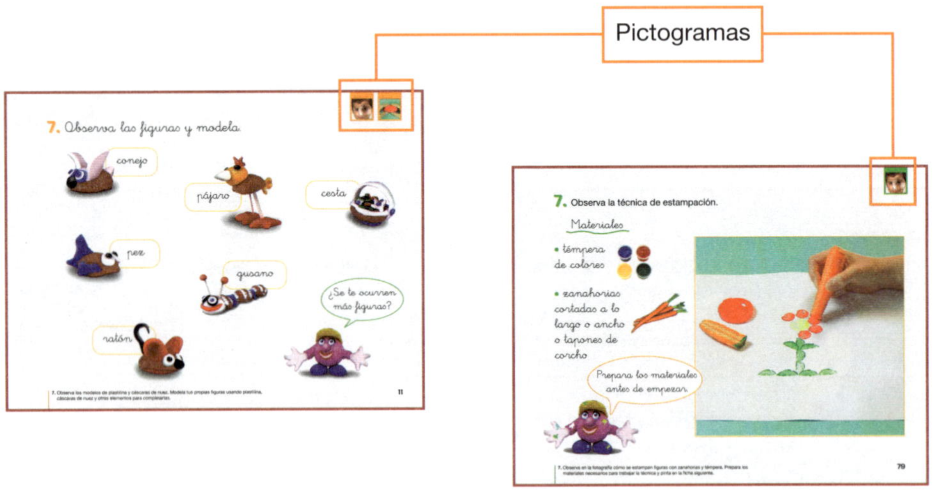

Interior

En el interior del libro realizarás actividade relacionadas con cada Tema y trabajarás co diferentes técnicas plásticas.

Los Temas están codificados con colores distintos para que identifiques fácilmente el trimestre.

La mascota

A lo largo del libro encontrarás a Boliche, que te acompañará en las actividades, te ayudará a trabajar mejor y te hará divertidas sugerencias.

Pictogramas

Los pictogramas aparecen en parte superior de cada ficha. Son pequeñas fotografías ue te ayudarán a visualizar los asos que tienes que seguir en ada actividad.

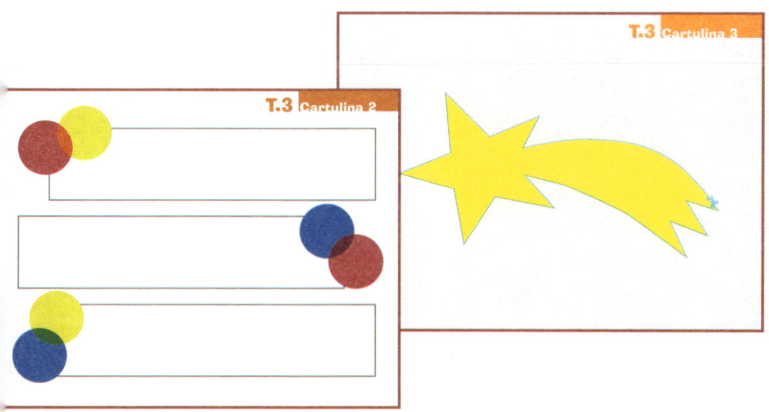

Cartulinas

Las cartulinas están diseñadas para trabajar diversas técnicas plásticas y también para que puedas exponer los trabajos en clase o llevártelos a casa.

Encontrarás las cartulinas al final del libro. Podrás identificar la cartulina correspondiente a la ficha por el color del trimestre, el Tema y el número.

Voy al colegio

Rafael SANZIO: *La Escuela de Atenas*.

bserva la pintura mural *La Escuela de Atenas* de Rafael: ¿Qué se representa en la pintura?
ué colores ves? ¿Qué forma tiene la pintura? ¿Te gusta? Explica por qué.

1. Dibuja tu clase.

1. Dibuja la pared de tu clase donde está la pizarra. No olvides ningún detalle.

2. Dibuja a un compañero o a una compañera.

. Dibuja a un compañero o a una compañera y escribe su nombre en la pauta.

3. Dibuja la portada de este libro. ¿Qué representa el dibujo?

3. Dibuja y colorea la portada de un libro que te guste mucho. Escribe en la pauta de qué asignatura es con ayuda de tu maestro o maestra.

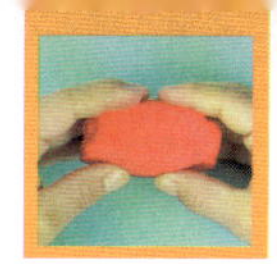

4. Haz un dibujo usando todas estas líneas:

Observa el medallón de plastilina y prepara un boceto en el óvalo. Extiende plastilina formando un óvalo. A continuación, dibuja tu boceto con un lápiz sobre la plastilina.

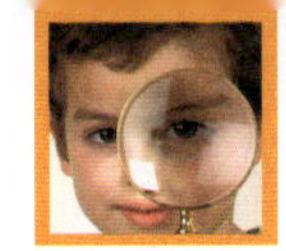

5. Observa y dibuja la otra cara del abanico.

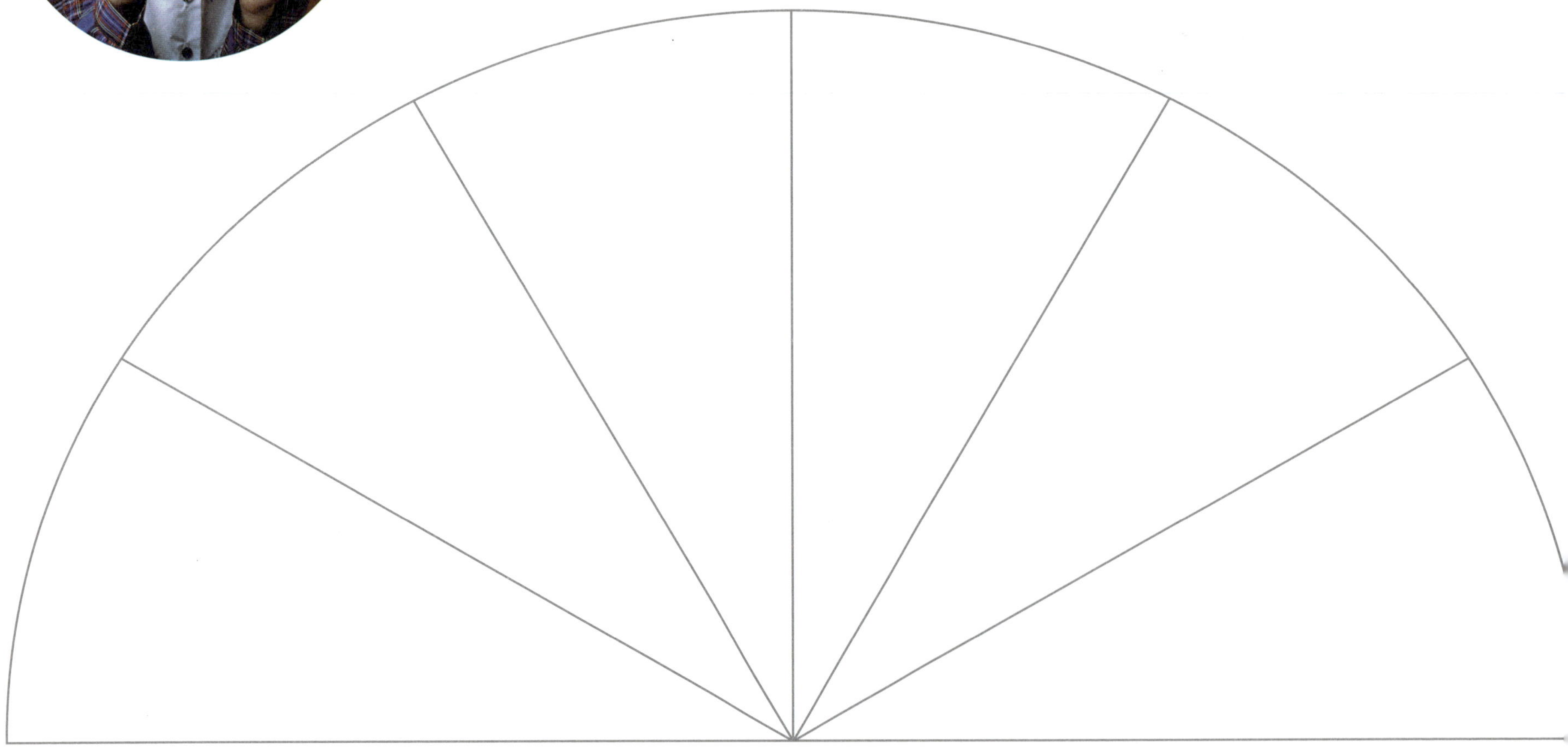

5. Observa el abanico de la fotografía y haz un dibujo para la otra cara.

6. Dibuja y pinta la manzana de tu desayuno.

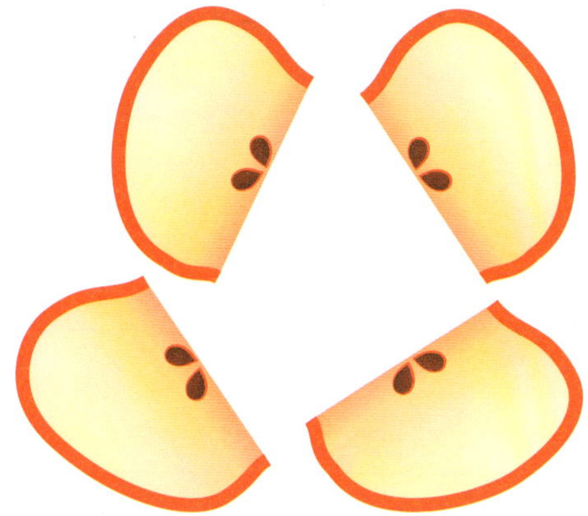

Si partimos una manzana verticalmente por la mitad, los dos trozos serán iguales. Si partimos las dos partes con un corte vertical, perpendicular al anterior, los cuatro trozos serán iguales.

7. Dibuja el desayuno que te gusta llevar al colegio.

7. Dibuja y pinta el desayuno dentro del recuadro.

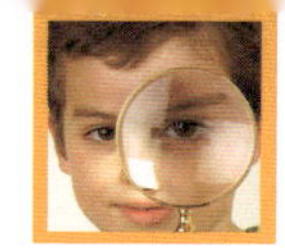 

3. Nombra qué representa cada imagen.

3. Observa los modelos de plastilina y cáscaras de nuez. Identifica cada animal y escribe su nombre en la pauta correspondiente.

9. Colorea los lápices.

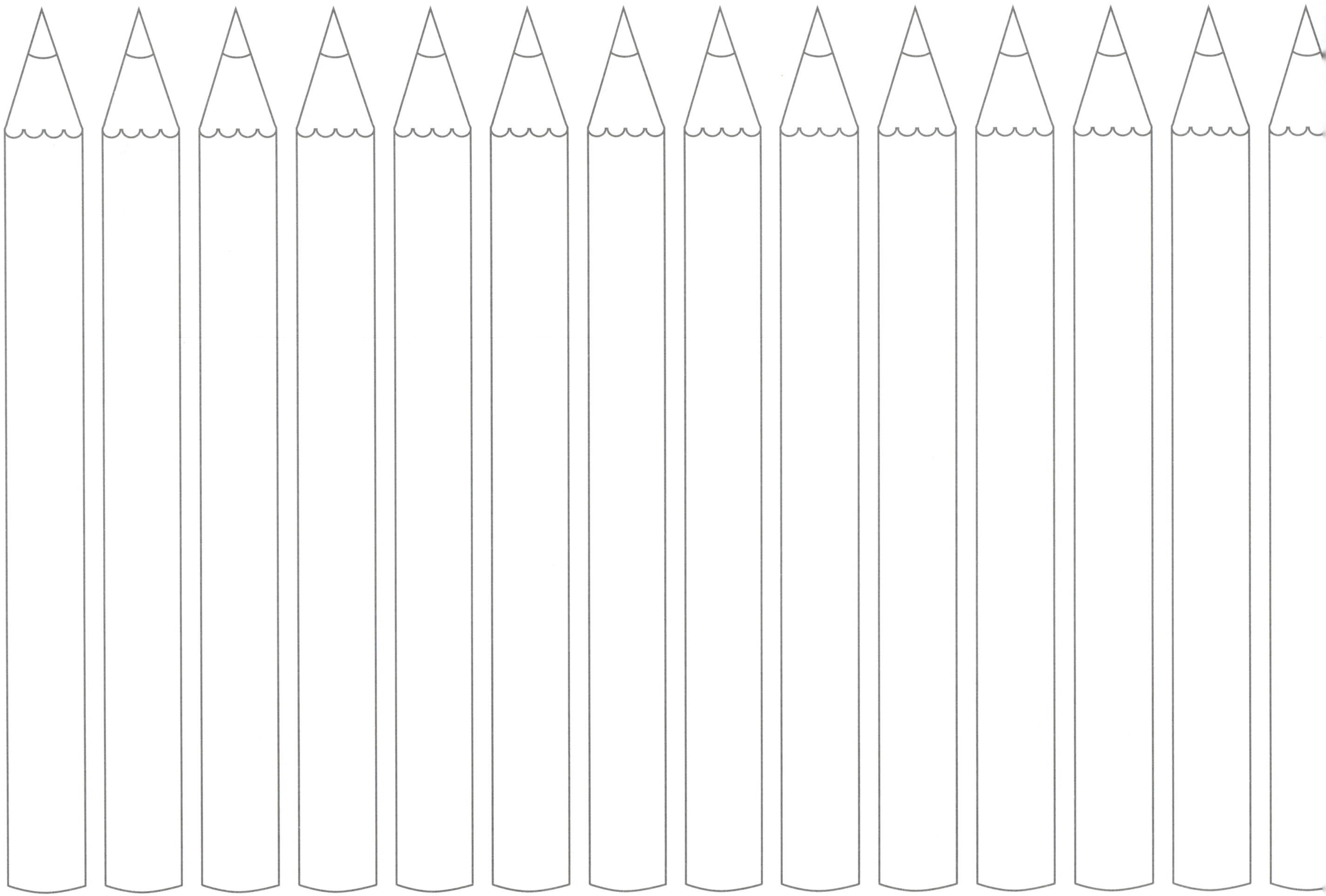

9. Colorea los lápices de diferentes colores. Puedes utilizar ceras duras, lápices de colores o rotuladores.

Mi cuerpo

Miguel Ángel BUONARROTI: *David*.

bserva la escultura de *David* de Miguel Ángel y descríbela.
Cómo se hace una escultura? Si no lo sabes, busca información.
Has visto otras esculturas en museos o plazas? Explica cómo son.

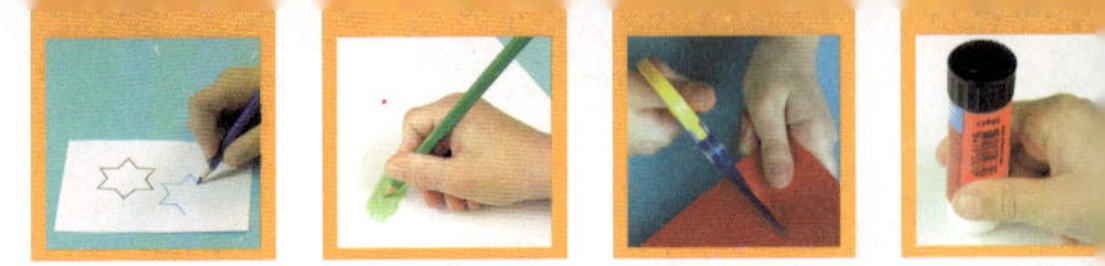

1. Copia y colorea. Pon una cortina.

1. ¿Qué representan la escultura de Miguel Ángel y este dibujo? Recorta una cortina de papel de seda y pégala sobre la barra de la ducha.

2. Colorea los labios dándoles volumen. Sigue los pasos.

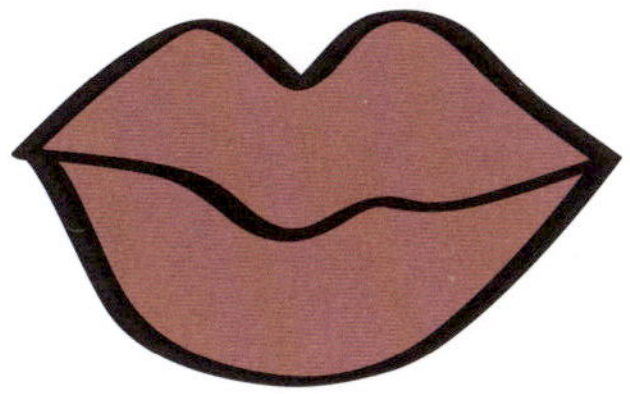

Sin volumen

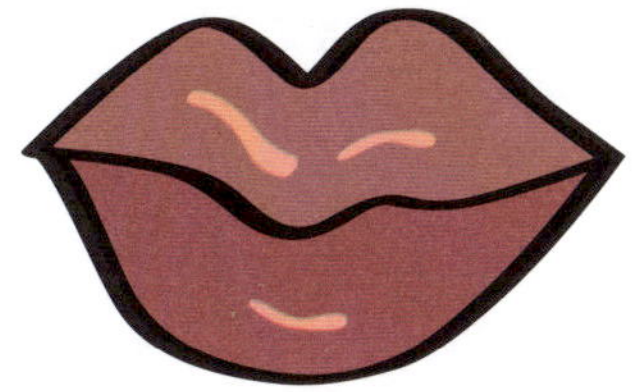

Con volumen

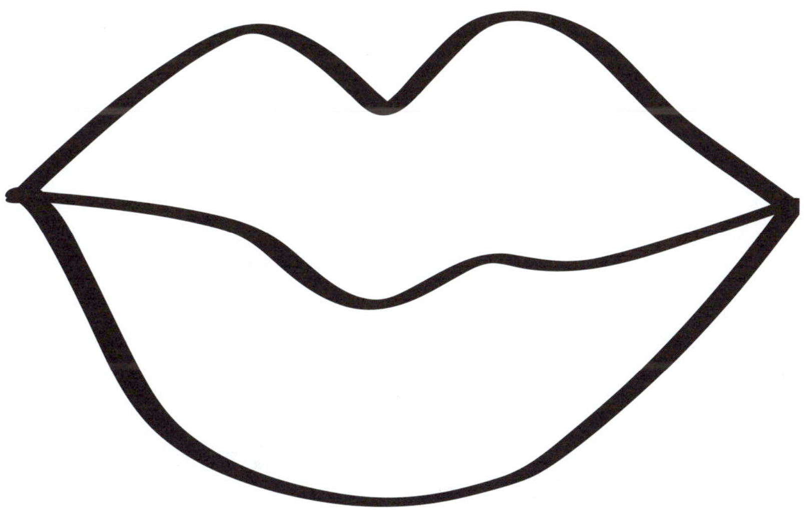

. Colorea los labios con distintas tonalidades de rojo y añade líneas de volumen.

3. Haz un dibujo digital siguiendo los pasos.

1. Abre en el ordenador un programa de dibujo.
2. Haz clic con el ratón sobre la forma círculo.
3. Da un clic en la pantalla y, con el botón pulsado, arrastra el ratón hasta que obtengas un círculo.
4. Dentro de este círculo dibuja tres más pequeños para los ojos y nariz.
5. Haz clic sobre el lápiz y dibuja la boca y el pelo.

Si te equivocas pulsa la tecla suprimir o deshacer.

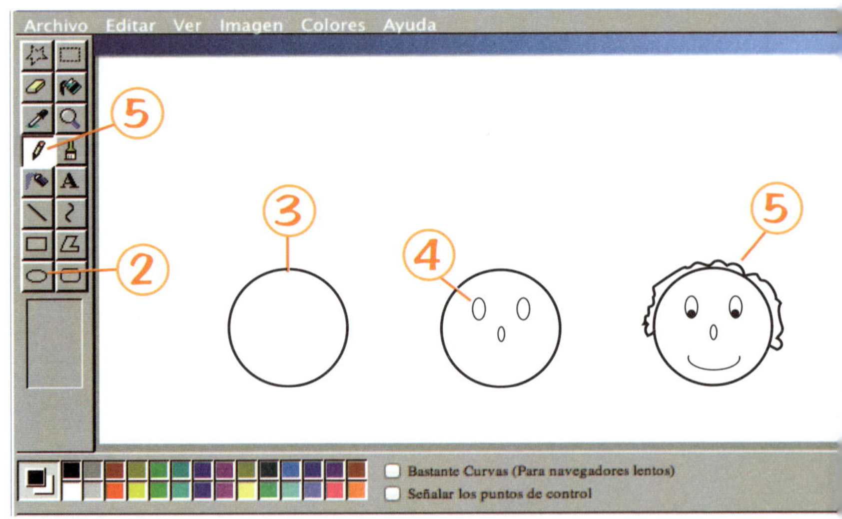

3. Haz un dibujo digital. Antes dibújalo a mano en el recuado de la derecha.

4. Rodea, tacha y contesta.

Observa la cartera:

1. Rodea los dientes sanos.
2. Tacha los dientes que tienen caries.

¿Qué guarda el ratoncito Pérez en su cartera? ______________________

4. Observa, haz lo que se indica y responde a la pregunta.
Cartulina 1. Construye la cartera del ratoncito Pérez que encontrarás en la cartulina y guarda dentro de ella los dientes sanos.

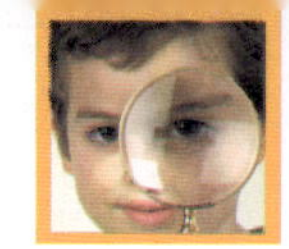

5. Dibuja tu cara.

De frente

De perfil

5. Puedes mirar una fotografía tuya y dibujar tu cara de frente y de perfil.

6. Juega al tres en raya.

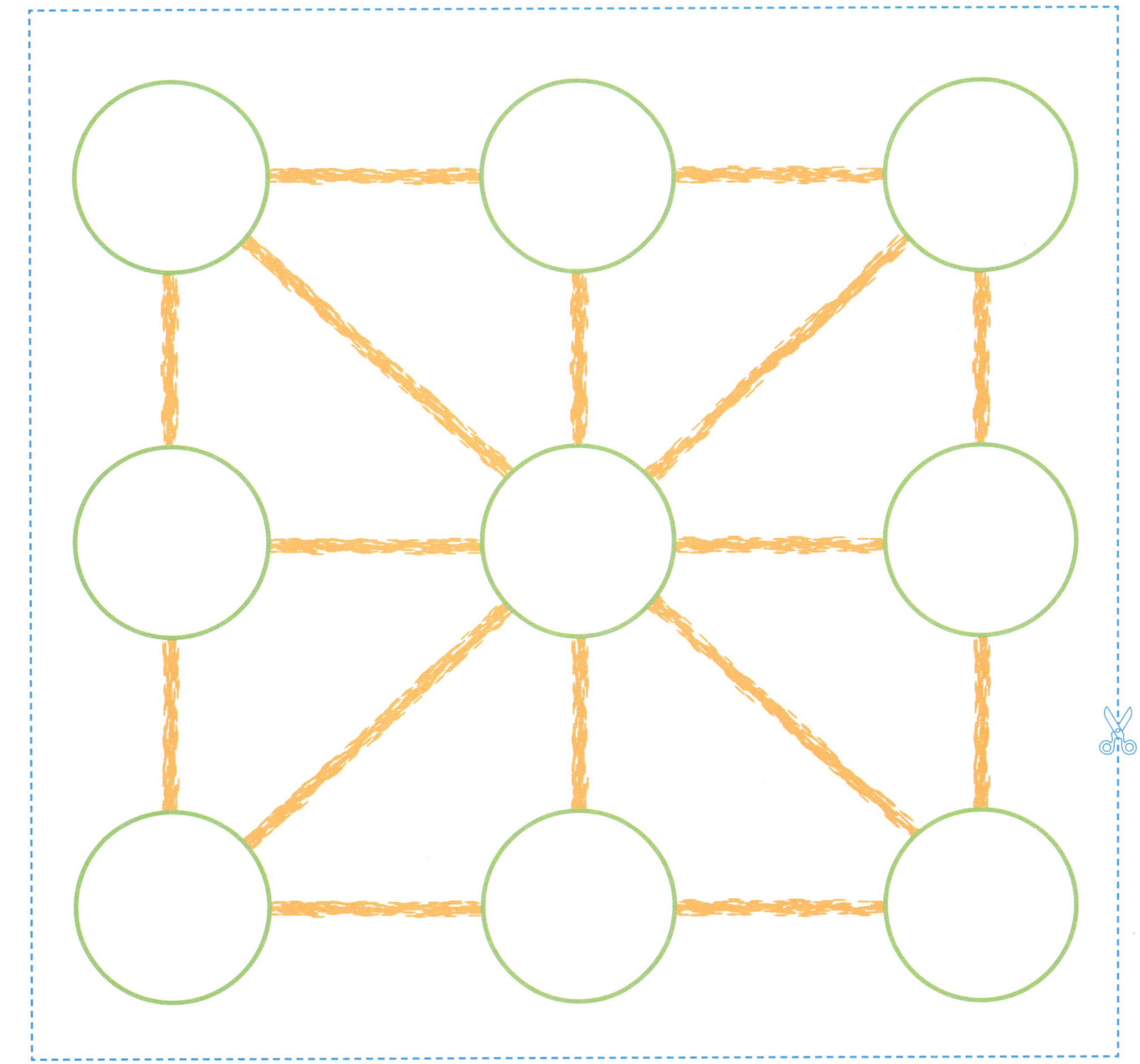

Colorea los cuadrados de rojo; los triángulos, de amarillo, y los círculos, de verde. Recorta las fichas y el tablero y juega al tres en raya con un compañero. Si recortas el tablero por la mitad, ¿son iguales las dos partes?

7. Observa, contesta y dibuja.

Sobre qué se marcan las huellas? ....

. Observa la fotografía y contesta a la pregunta.
Dibuja otras huellas que podrían quedar marcadas sobre la arena.

8. Crea figuras con tus huellas digitales.

8. Observa los ejemplos. Humedece las yemas de tus dedos con un poco de pintura. Imprime tus huellas y crea animales, flores, paisajes, etc. Dibuja los detalles cuando las huellas estén secas.

La Navidad

Bartolomé Esteban MURILLO: *La Sagrada Familia del pajarito.*

nagen realista de una familia. ¿Qué ves en el cuadro? ¿Qué personaje destaca más? ¿Qué colores redominan? ¿Qué te recuerda la imagen del cuadro? ¿Te gusta el cuadro? Explica por qué.

1. Colorea el abeto.

1. Colorea el abeto de verde claro por la parte que ilumina el sol, y de verde oscuro por la parte menos iluminada. Termina de colorear el paisaje y pega trocitos de papel blanco de un folio o de pañuelos de papel como si fuera nieve.

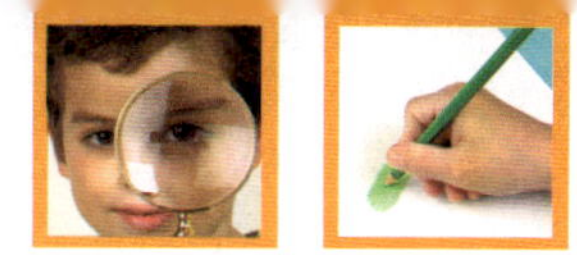

2. Observa los colores y copia.

Observa cómo se obtienen nuevos colores a partir del magenta, del amarillo y del cian. Copia el ejemplo coloreando los círculos de la derecha con lápices de colores. **Cartulina 2**. Experimenta con témpera mezclando los colores.

3. Colorea con el color que resulta.

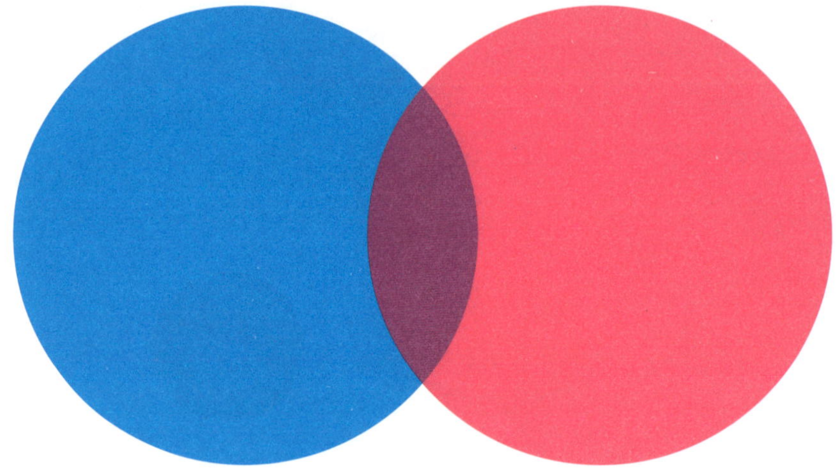

3. Recuerda y colorea dentro del recuadro con el color que resulta de la mezcla de los dos colores.

4. Dibuja la figura plana y con volumen.
Coloréalas como más te guste.

Figura plana

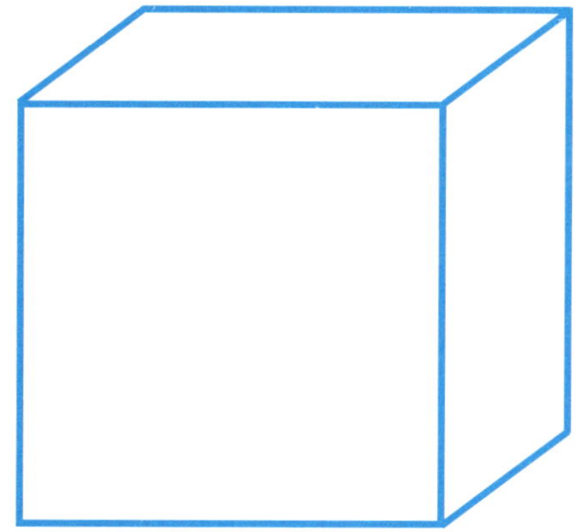

Figura con volumen

. Dibuja un cuadrado (figura plana) y un cubo (figura con volumen) y coloréalos.

5. Colorea, recorta y pega.

5. Colorea el cielo de azul oscuro o negro.
Cartulina 3. Recorta la estrella de Belén de la cartulina y pégala en esta página.

6. Haz una tira de muñecos.

• Recorta las tiras por la línea azul. Dobla como un acordeón por las líneas de color naranja. Recorta las siluetas, despliega las tiras y colorea por ambos lados. Une tus muñecos a los de otros compañeros.

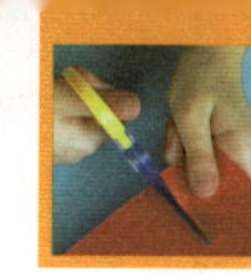

7. Colorea y recorta.

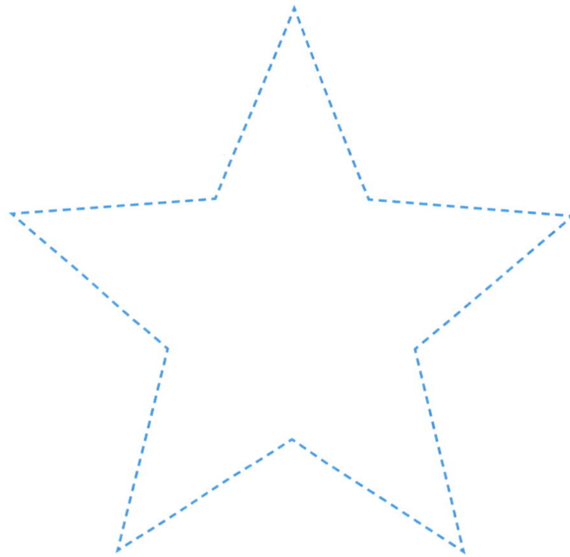

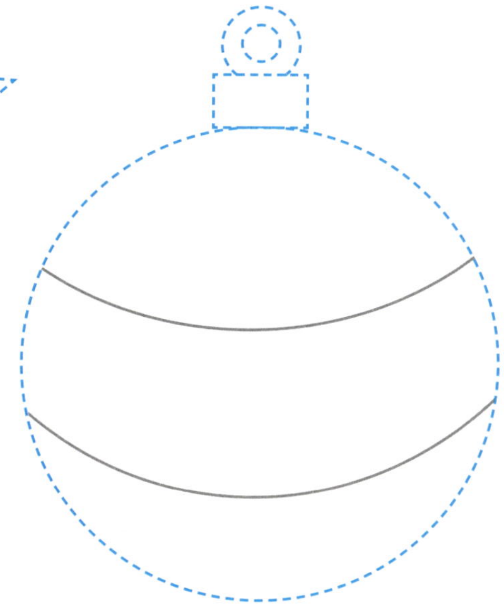

¿Dónde dibujarías una línea en cada dibujo para dividirlo en dos partes iguales?

La familia, la casa

Vincent VAN GOGH: *La habitación de Van Gogh en Arles.*

Observa el cuadro *La habitación de Van Gogh en Arles* de Van Gogh: Describe la habitación. ¿Qué colores predominan? ¿Cómo crees que Van Gogh pintó este cuadro? ¿Qué elemento de la habitación te gusta más?

1. Observa, colorea y escribe.

1. Pinta el cuadro con los colores que utilizó Van Gogh. Escribe en la pauta el elemento que falta en este cuadro.

2. Dibuja dos viviendas diferentes.

. Dibuja dos viviendas diferentes. Puedes dibujar un bloque de pisos y una casa, o casas de otros países. Escribe en cada pauta el tipo de casa que has dibujado.

3. Observa, modela y escribe.

3. Observad y trabajad en equipo. Modelad con plastilina familias de animales o personas. Explica, en las pautas, cómo son las familias que has modelado con tus compañeros y compañeras.

4. Dibújate con un familiar.

4. Dibuja una escena en la que aparezcáis un familiar y tú haciendo una actividad divertida.

5. Observa y colorea.

5. Observa y colorea como en el primer dibujo. Elige un color y empieza a colorear por el centro de la figura con un tono oscuro. A medida que colorees hacia afuera, usa tonos más claros.

6. Colorea y decora.

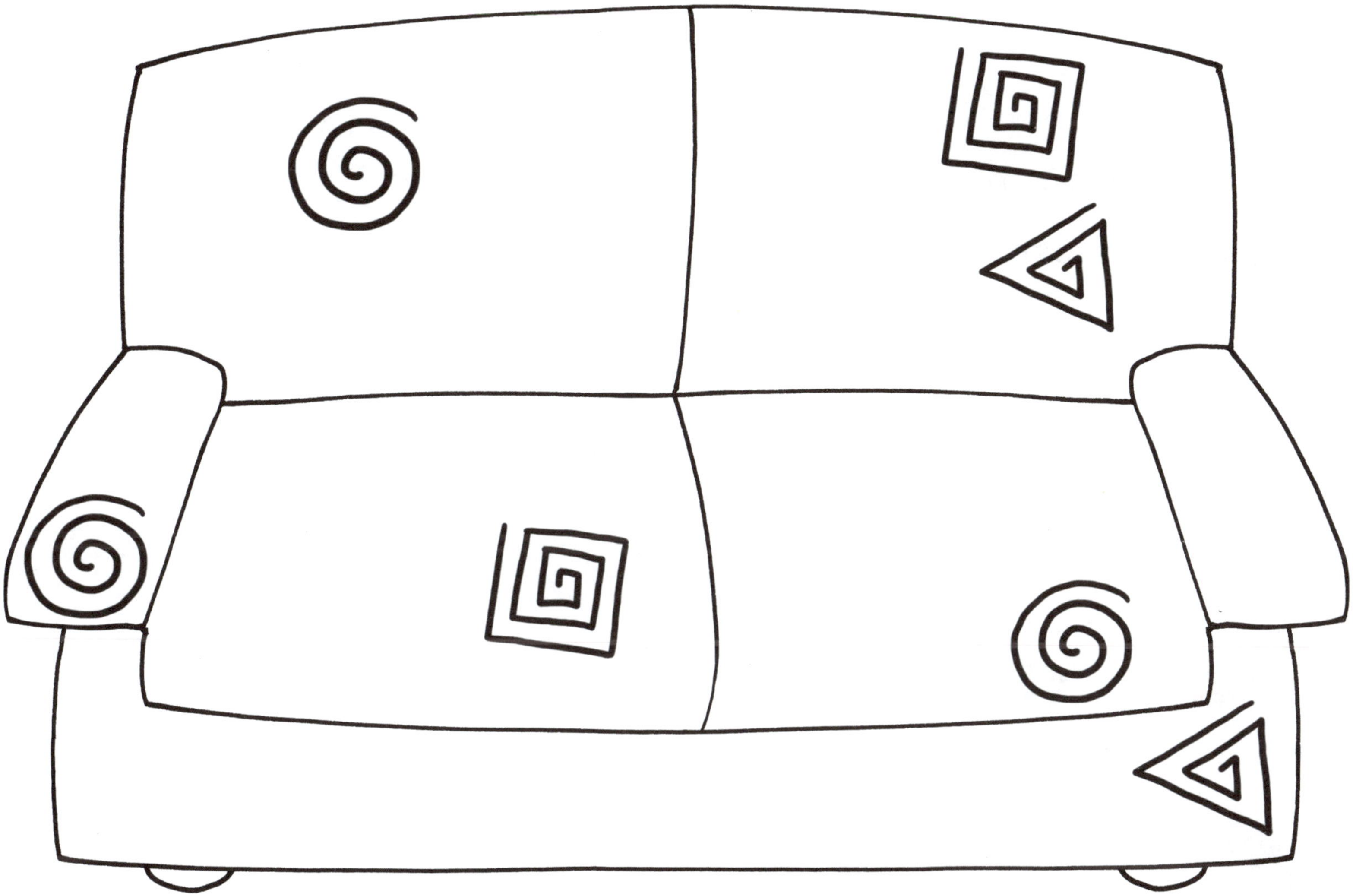

6. Colorea el sofá y decóralo con más figuras geométricas. ¿Cómo son estas líneas, abiertas o cerradas?

7. Lee el texto y dibuja.

La niña llevaba un vestido azul y un gran lazo del mismo color en la cabeza.

Tenía una cara muy simpática y siempre sonreía.

Su hermano era más alto que ella, tenía muchas pecas en la cara y el pelo de punta.

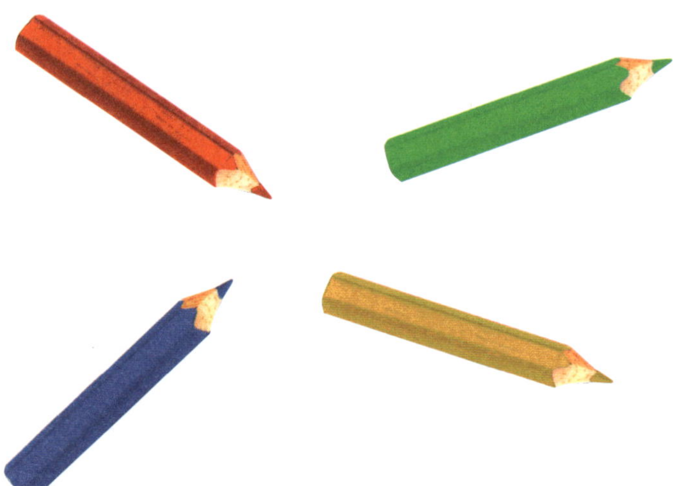

7. Dibuja lo que te sugiere el texto.

3. Piensa, escribe y dibuja.

¿Qué familiar merece un trofeo?

Merece el trofeo por:

3. Piensa, responde a la pregunta y completa la frase. Dibuja dentro del marco al familiar ganador del trofeo. **Cartulina 4**. Traza la copa por la línea punteada. Pega trocitos de papel de aluminio, escribe sobre la pauta de la cartulina y entrega el trofeo.

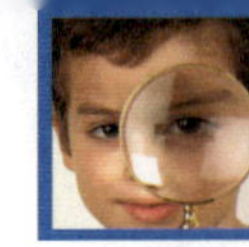 

9. Observa y crea nuevos dibujos.

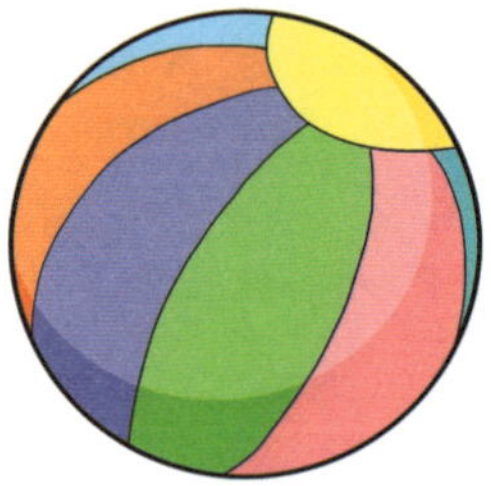   

9. Observa los dibujos hechos a partir de círculos. Inventa otros dibujos con círculos.

Mi localidad

La fotografía refleja la realidad. Observa la fotografía y descríbela: ¿Hay alguna fuente en tu localidad? ¿Cómo se llama? ¿Te gustan las fuentes? Explica por qué.

1. Completa la fuente.

1. Dibuja la otra mitad de la fuente con lápiz de grafito y coloréala.

2. Copia las señales en el dibujo y colorea.

2. Copia las señales de tráfico de la derecha en el dibujo donde corresponda. Dibuja y colorea otros elementos y personas.

3. Inventa señales.

¡Prohibido el paso a niños y niñas enfadados!

Puedes inventar señales divertidas.

3. Observa el ejemplo, piensa y dibuja señales inventadas por ti.

4. Traza las huellas.

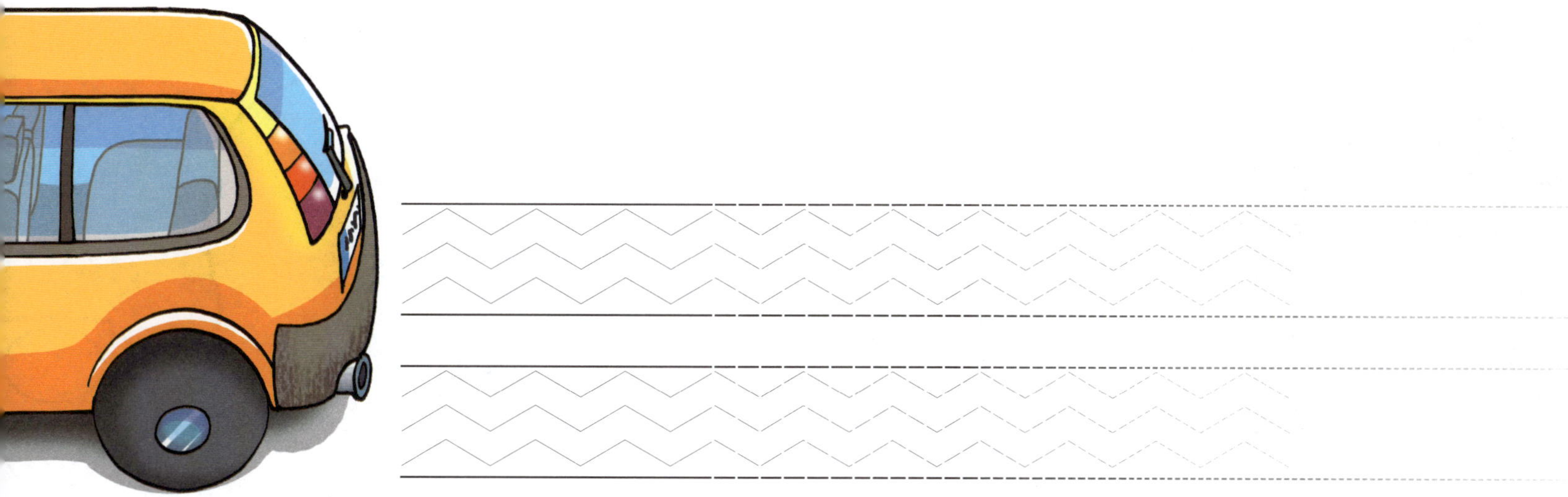

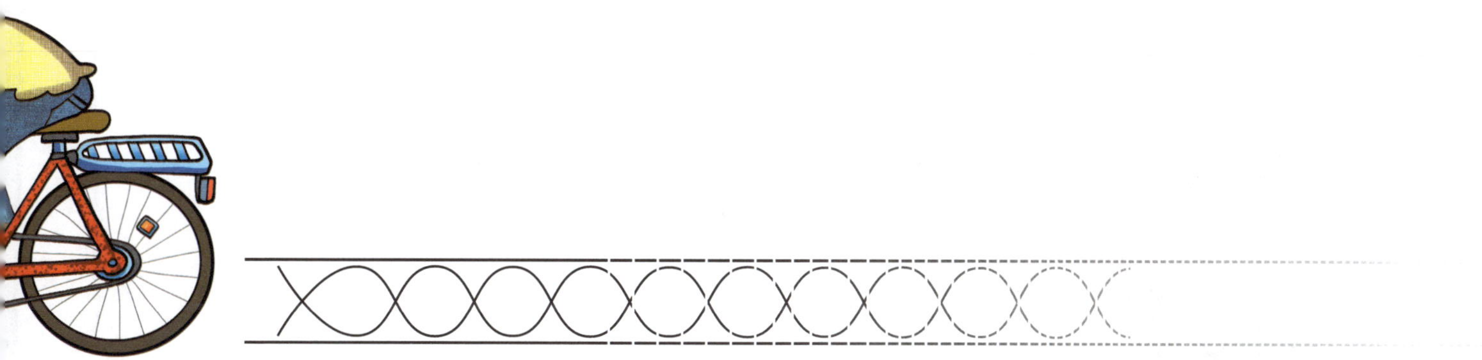

4. Traza la marcas que han dejado las ruedas del coche y la bicicleta.

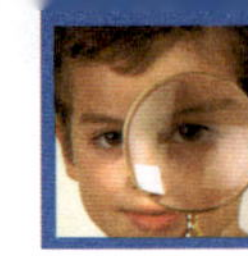

5. Observa y traza con rotuladores.

5. Observa y traza líneas con rotulador, como en el ejemplo.
Cartulina 5. Colorea y recorta el árbol y el semáforo de la cartulina. Pégales un palillo por detrás y clávalos en plastilina.

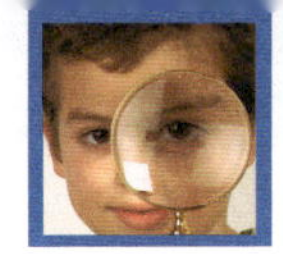

6. Observa y copia.

6. Copia las flores en las macetas de abajo.

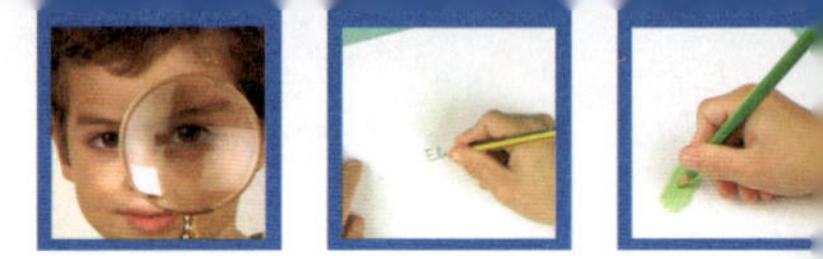

7. Observa, escribe y colorea las verduras.

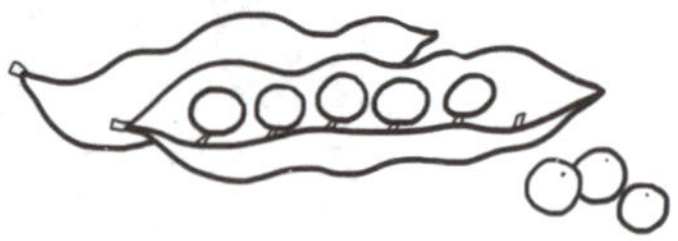

7. Observa y escribe el nombre de las verduras que ha comprado el niño en el mercado. Después colorea las verduras.

Viajamos

1

ente 25 de Abril (Lisboa).

2

Santiago CALATRAVA: *Puente del Alamillo* (Sevilla).

n las fotografías y en los bloques de construcción hay algo en común: puentes. Rodea los puentes echos con bloques.

1. Dibuja un puente.

1. Copia el puente que más te haya gustado de la página anterior o inventa uno nuevo.

2. Completa el dibujo.

2. Dibuja nubes y el sol con puntitos. Usa rotuladores. Completa el resto del dibujo como quieras.

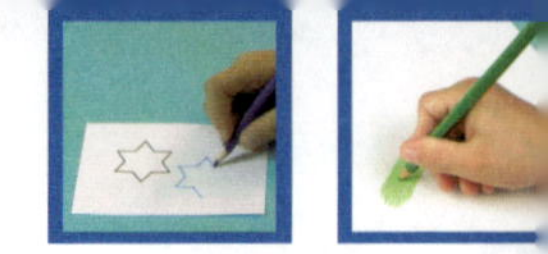

3. Copia el avión.

3. Copia el avión en el espacio de abajo. Dibuja y colorea el cielo y el sol.

4. Observa y contesta.

Está limpia la playa de la fotografía 1? ______________________

Te podrías bañar en la playa de la fotografía 1? ______________________

Alguna vez has visto una playa como esta? ______________________

Está sucia la playa de la fotografía 2? ______________________

Te podrías bañar en la playa de la fotografía 2? ______________________

4. Observa atentamente las fotografías, descríbelas y contesta a las preguntas.

5. Dibuja una playa.

5. Dibuja una playa a la que te gustaría ir de vacaciones.

6. Copia las señales en el dibujo y colorea.

6. Copia las señales de tráfico de la derecha dentro del paisaje del viaje a la granja. Dibuja coches en la carretera y colorea el dibujo.

7. Dibuja la rueda de la bicicleta y el timón del barco.

7. Si cortamos estos objetos por la mitad los dos trozos son iguales. Decimos que estos objetos son simétricos.

3. Recorta, dobla y pega.

3. Recorta el tren por la línea punteada. Dobla y pega por la pestaña dejando arriba el dibujo que muestra el exterior del tren. Ábrelo para ver el interior.

El paisaje y las estaciones

Lucas VAN VALCKENBORCH: *Las cuatro estaciones*.

Observa los cuadros *Las cuatro estaciones* de Van Valckenborch: ¿Qué pintura representa el invierno? ¿Qué color llama la atención en el cuadro número uno? ¿Qué están haciendo los personajes del cuadro número dos? ¿Qué hay en la mitad del lago del cuadro número tres?

1. Dibuja un paisaje invernal.

1. Dibuja un paisaje invernal en el que haya una casa, árboles y personas vestidas con ropa apropiada para la estación. ¿Son simétricos los copos de nieve? ¿Por qué lo sabes?

2. Observa y dibuja la figura que falta en cada móvil.

2. Observa los modelos de móviles y dibuja en los cuadrados grandes la figura para completarlos. **Cartulina 6 y 7**. Copia en las cartulinas las figuras que has dibujado aquí y recórtalas. Después construye los móviles con las dos cartulinas. Cuelga las figuras en una percha.

3. Colorea el paisaje de primavera.

3. Dibuja en el árbol las primeras hojas de primavera.
Completa el paisaje: dibuja flores y animales característicos de esta estación.

4. Observa y dibuja flores.

4. Observa el ejemplo, dibuja flores a partir de figuras geométricas y coloréalas.

5. Completa y colorea el velero.

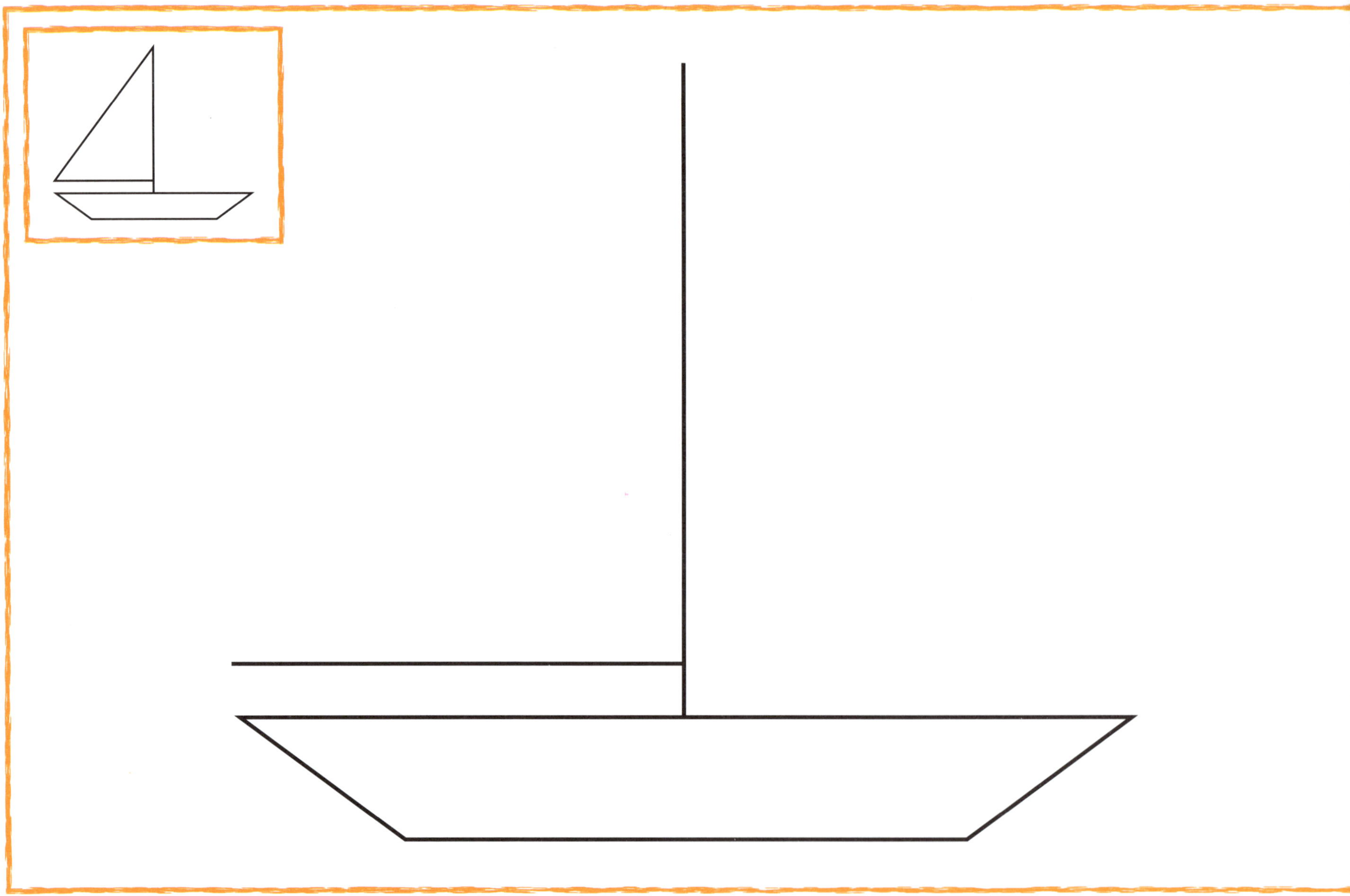

5. Dibuja las partes que le faltan al velero y coloréalo. ¿Cómo son las líneas que forman el barco?
Cartulina 8. Elabora el paisaje de la cartulina pegando trocitos de papel charol de manera que imite un mosaico.

6. Dibuja y colorea de amarillo y marrón.

. Dibuja un paisaje desértico en el que predominen los colores amarillo y marrón.

7. Dibuja tu estación del año favorita.

Mi estación favorita es ____________________

7. Escribe y dibuja tu estación del año preferida.

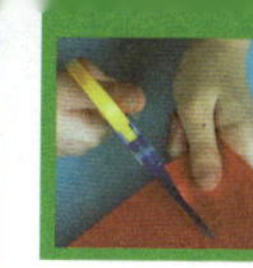

8. Decora ventanas con figuras de primavera y verano.

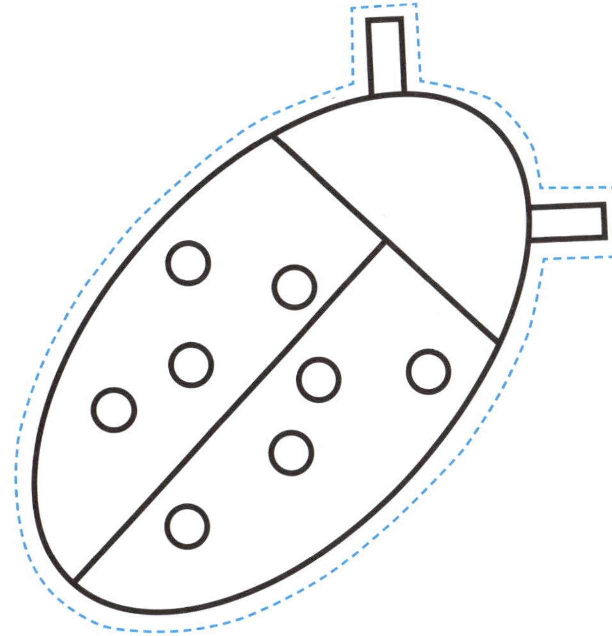

8. Colorea las figuras por ambos lados. Recórtalas y decora las ventanas de tu clase o de tu habitación.

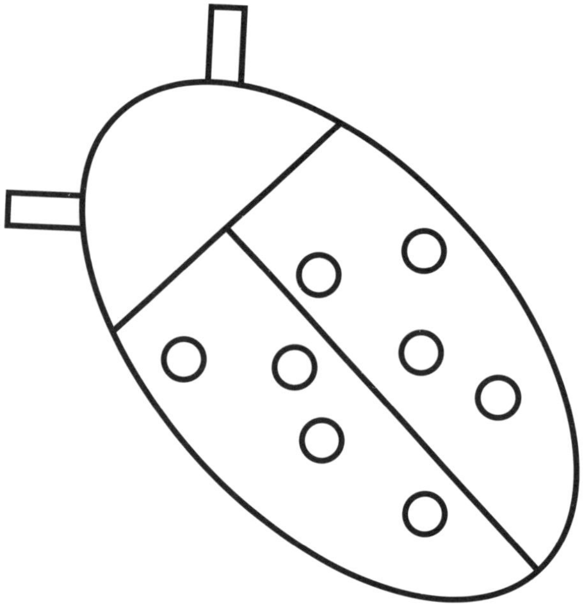

Animales y plantas

Francisco de GOYA: *María Teresa de Borbón, Condesa de Chinchón.*

bserva el cuadro *María Teresa de Borbón, Condesa de Chinchón* de Goya: ¿Qué ves en el cuadro? ¿Cómo es el animal que acompaña a la Condesa? ¿Te gusta el cuadro? Explica por qué. Comenta us razones con un compañero o compañera.

1. Observa los pasos y copia.

1. Observa y copia cada paso para dibujar el oso en los cuadros de abajo. A continuación, coloréalos.

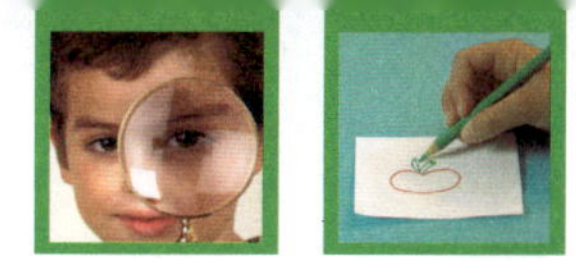

2. Observa las huellas y dibuja los animales.

2. Dibuja en cada espacio el animal al que pertenecen las huellas.

3. Completa y colorea la selva tropical.

3. Completa el dibujo con animales. Colorea la selva tropical con varios tonos de verde. Los elementos más alejados, coloréalos con tonos claros, y los más cercanos, con tonos oscuros.

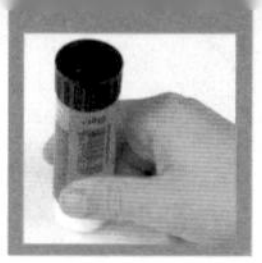

4. Pega y dibuja.

4. Pega trocitos de papel charol blanco o folios sobre el cascarón. Dibuja al lado otro pollito.
Cartulina 9. Pega trocitos de cáscara de huevo sobre la gallina y plastilina en el pico y en la cresta; luego dibuja el nido. Finalmente, barniza con cola blanca la cartulina.

5. Colorea la mariquita.

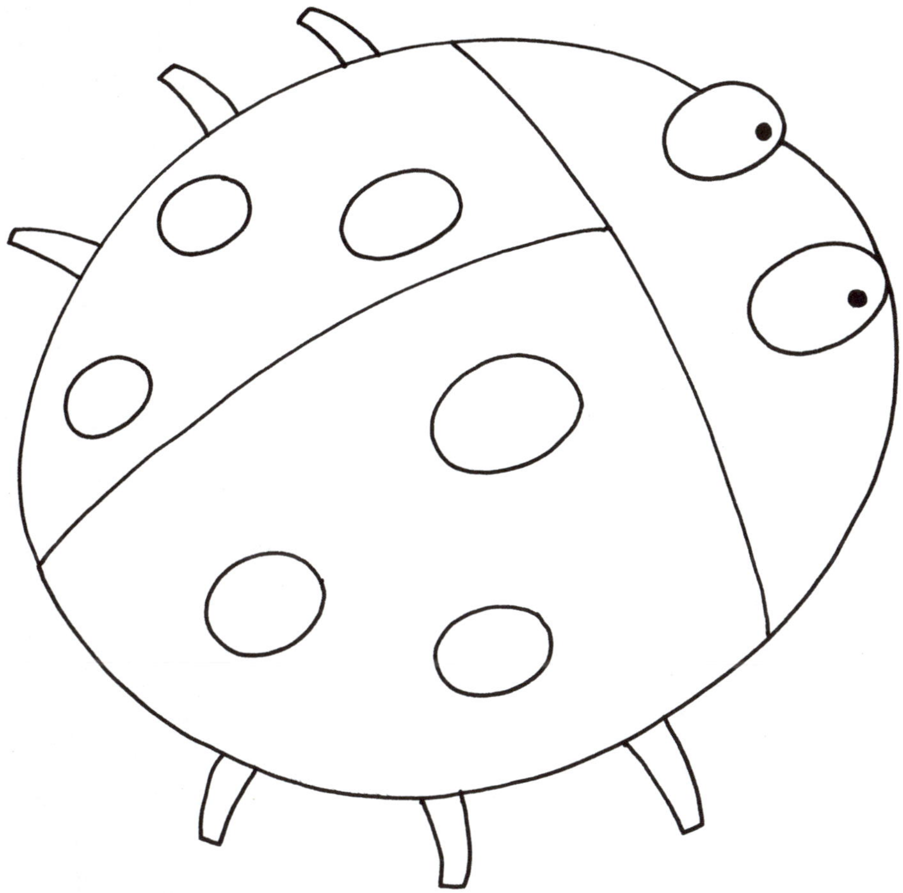

5. Colorea la mariquita con lápices de cera blanda. Puedes añadir otros elementos a su alrededor.

6. Sigue las instrucciones y modela.

① Modela churros y enróllalos como si fueran caracoles.

② Forma el tallo y las hojas con plastilina verde.

③ Modela la maceta con plastilina marrón y coloca las flores dentro.

6. Observa y modela con plastilina la maceta de flores siguiendo las instrucciones que te indica Boliche. Después barnízala con una capa de cola blanca y déjala secar.

7. Observa la técnica de estampación.

Materiales

- témpera de colores

- zanahorias cortadas a lo largo o ancho o tapones de corcho

7. Observa en la fotografía cómo se estampan figuras con zanahorias y témpera. Prepara los materiales necesarios para trabajar la técnica y pinta en la ficha siguiente.

8. Estampa con una zanahoria.

8. Haz tus propios diseños. Prepara una zanahoria para usarla como sello. Estampa flores y pequeños insectos con témpera.

Fin de curso

Paul GAUGUIN: *Apatarao*.

bserva el cuadro *Apatarao* de Gauguin: ¿Qué ves en el cuadro? Observa las palmeras del cuadro la de fuera del cuadro, ¿ambas representan la realidad? ¿Qué colores predominan? ¿Has estado n un lugar parecido? ¿Te gusta el cuadro? Explica por qué.

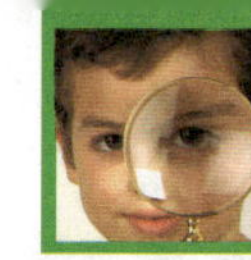

1. Observa y dibuja un boceto.

1. Observa el modelo hecho con palillos de dientes. Elabora un boceto con líneas rectas en el recuadro.
Cartulina 10. Copia tu diseño pegando los palillos en la cartulina.

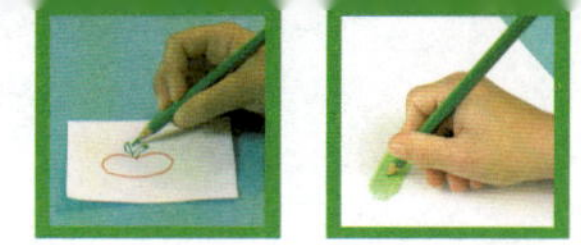

2. Dibuja las figuras planas y con volumen. Coloréalas como más te guste.

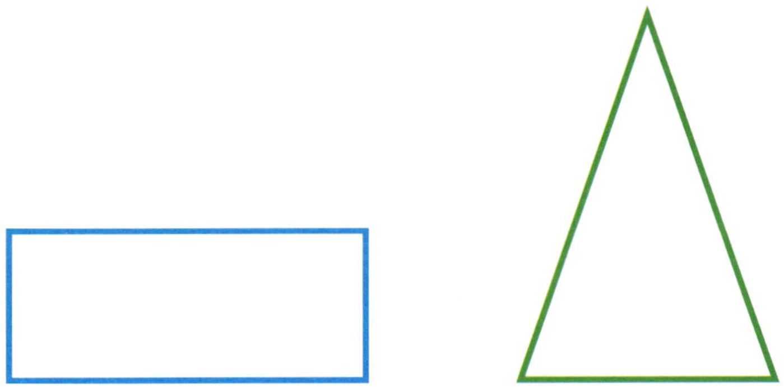

Figuras planas

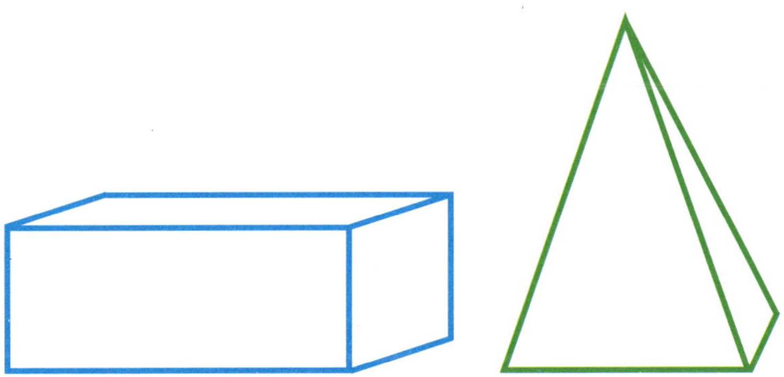

Figuras con volumen

Figuras planas

Figuras con volumen

2. Dibuja el rectángulo, el triángulo, el prisma y la pirámide y coloréalos.

3. Traza la silueta de tu mano, dibuja y colorea.

3. Apoya la mano abierta en el recuadro y dibuja su silueta con un lápiz.
Dibuja y colorea un personaje en cada dedo.
Cartulina 11. Confecciona los títeres digitales que encontrarás en la cartulina.

4. Completa el paisaje de verano.

5. Traza, dibuja y colorea.

5. Traza y completa el castillo dibujando una torre y más ventanas. Dibújale una corona al rey.
Cartulina 12. En la cartulina encontrarás una corona: decórala y recórtala. Coloca unas gomas elásticas a través de los agujeros marcados y ponte tu corona de rey o reina.

6. Confecciona cadenetas.

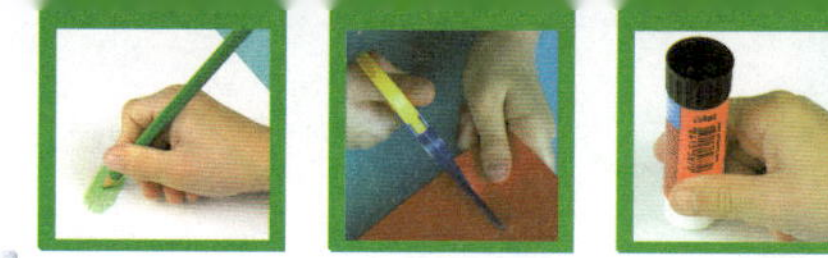

6. Colorea las tiras con el color señalado y recórtalas. Después coloréalas por el otro lado y pégalas formando eslabones. Decora tu clase uniendo tu cadeneta a la de tus compañeros y compañeras.

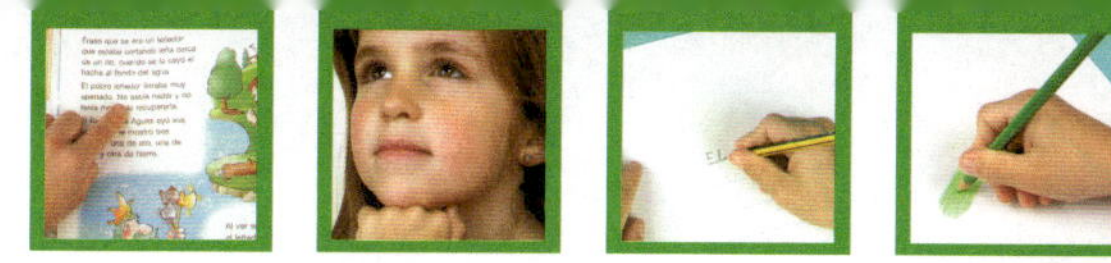

7. Recuerda, responde y colorea.

¿Cuál es tu color favorito?

Mezcla el color cian con el magenta y escribe el color que obtienes.

¿Qué color se obtiene de la mezcla del color magenta con el color amarillo?

¿Qué colores necesitas para hacer el color verde?

7. Lee y responde a las preguntas escribiendo y coloreando.

8. Señala, responde y modela.

Durante este curso, en la clase de plástica he...

dibujado ☐ coloreado ☐ pintado ☐ creado texturas ☐

modelado ☐ doblado ☐ recortado ☐ pegado ☐

Mi técnica favorita es:

....

Me gusta trabajar...

en solitario ☐ en equipo ☐

8. Lee, señala y responde. Modela con plastilina a Boliche, barnízalo y llévatelo a casa.

PARA LA PERSONA QUE MÁS QUIERO

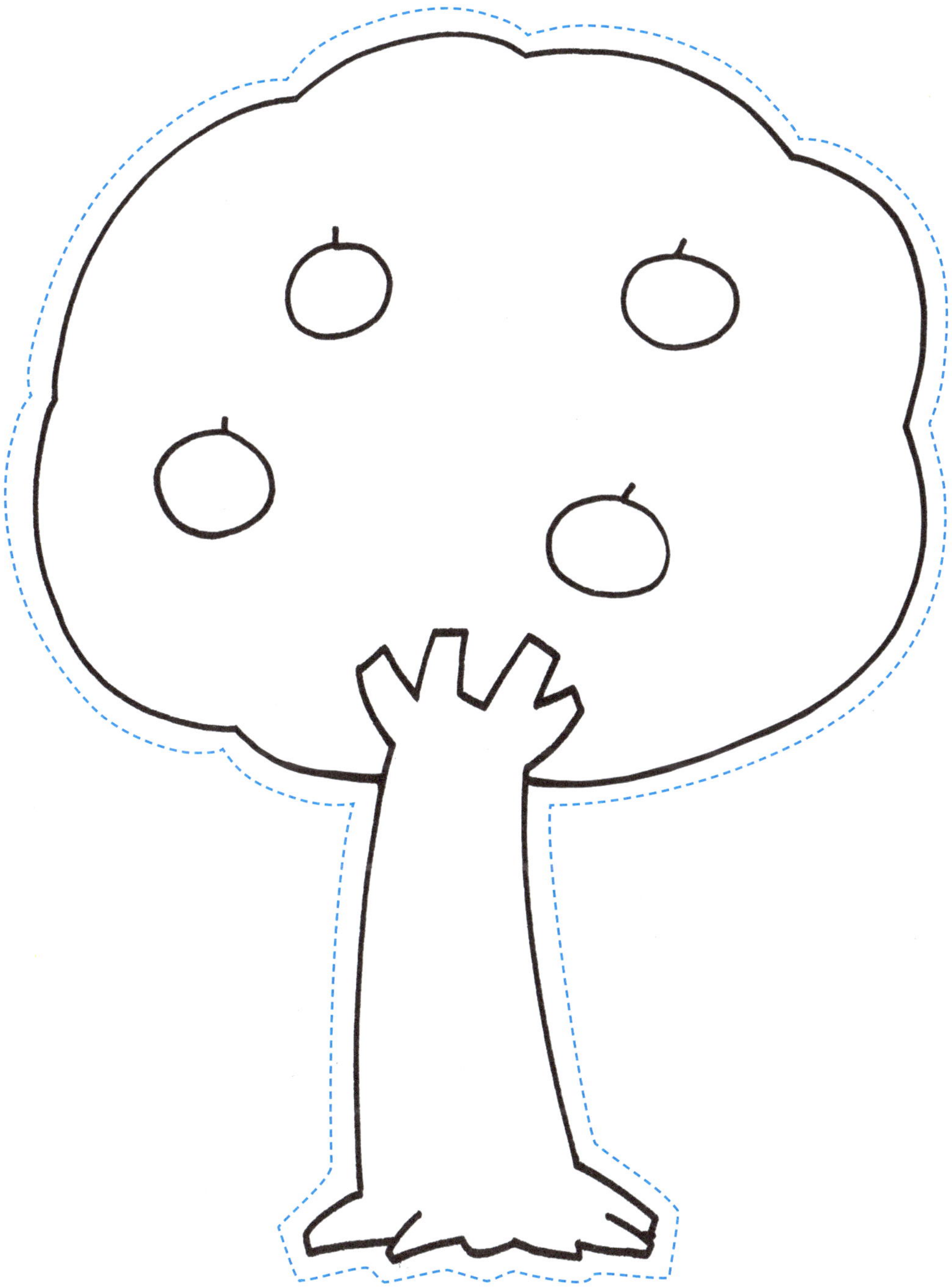

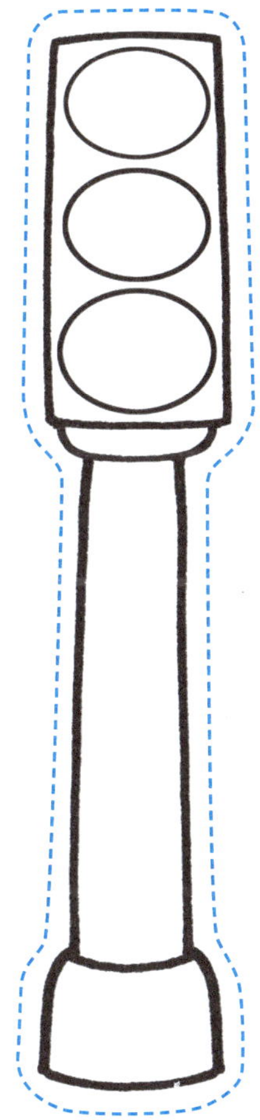

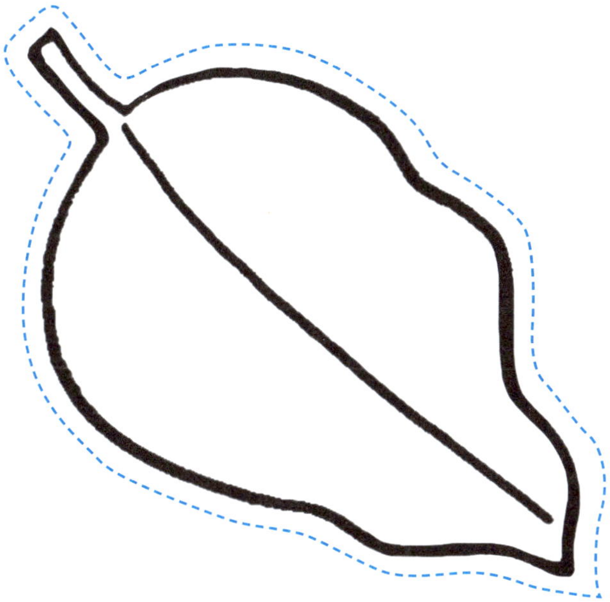

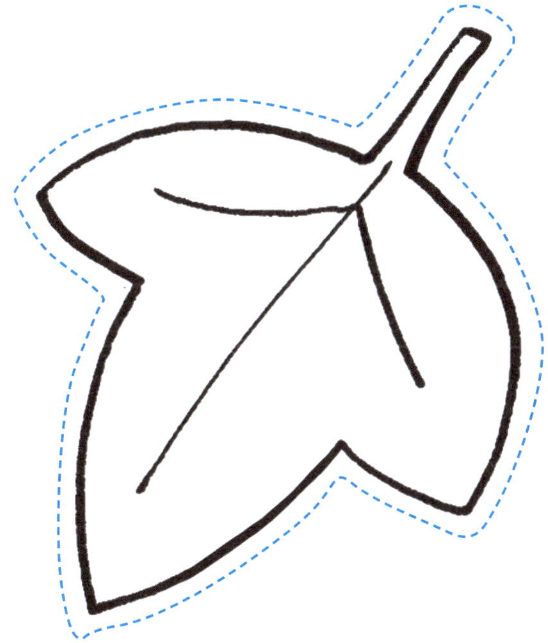

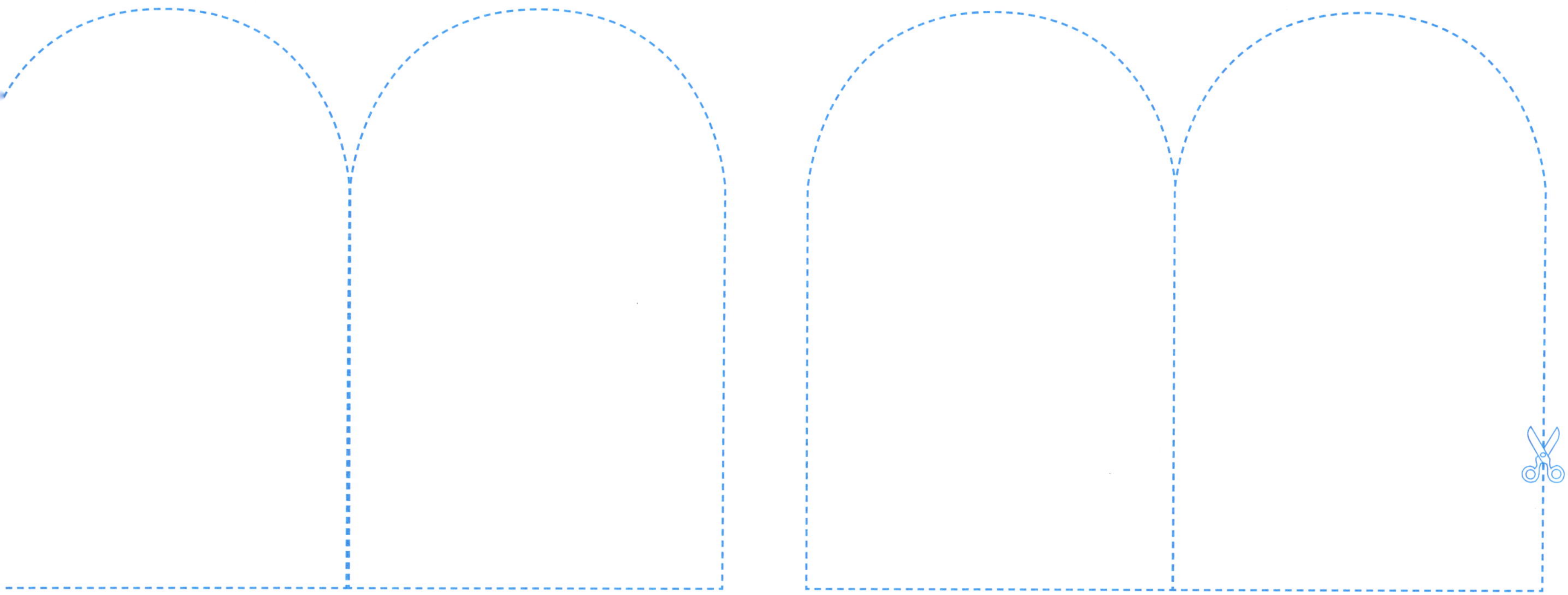